¿Empujar o arrastrar?

John Parker

¿Por qué se mueve el velero?

El viento **empuja** el velero.

¿Por qué se mueve el trineo?

Los perros **arrastran** el trineo.

¿Por qué se mueve la rueda?

El agua **empuja** la rueda.

¿Por qué se mueve el tren?

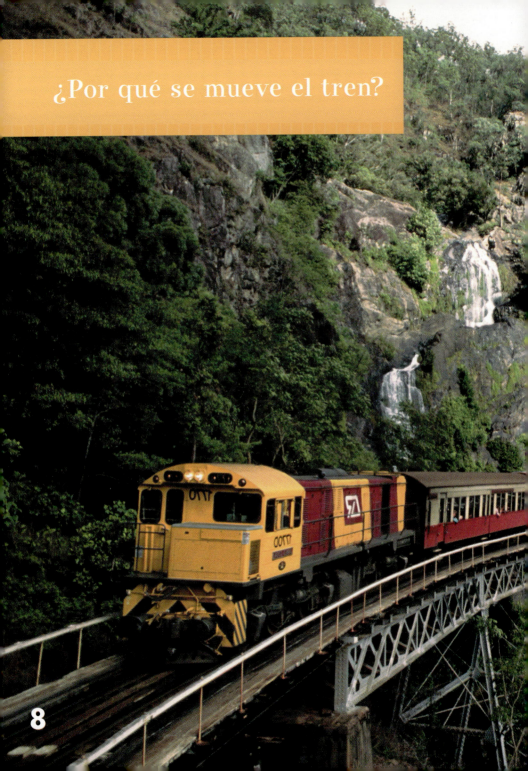

La locomotora **arrastra** el tren.

¿Por qué se mueven las rocas?

La niveladora **empuja** las rocas.

¿Por qué se mueve el remolque?

El camión **arrastra** el remolque.

¿Por qué se mueve el barco?

El remolcador **empuja** el barco.

Empujar   Arrastrar